AF404555

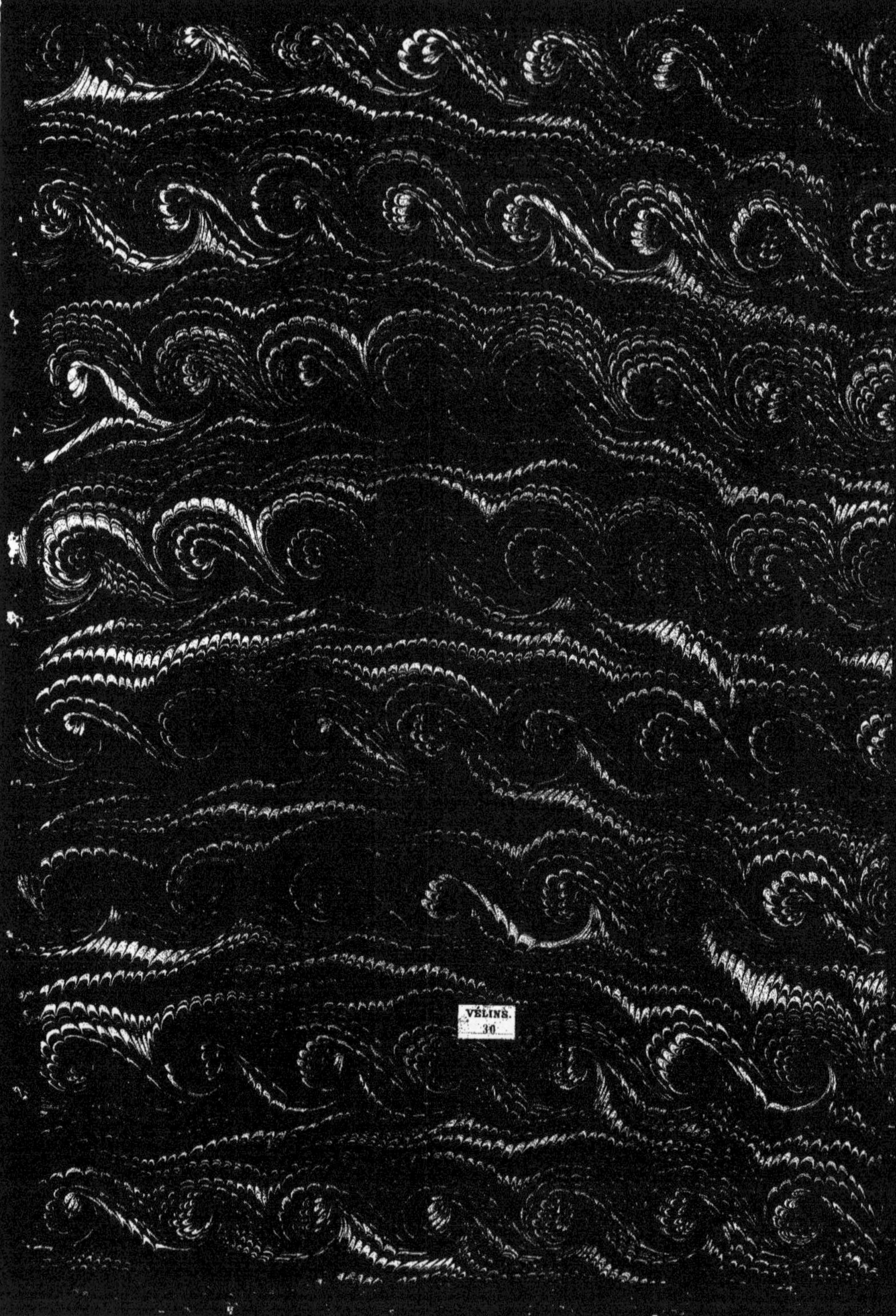
VÉLINS.
30

Rive (suite)

Essai sur l'art de vérifier l'âge des miniatures. P. 1782.

Double de

V (Réserve)
594
+ 1.1.

Le V 594
+ 1 A se trouve au dép. des Mss.
Fac-simil. Fol. 14 5°
(enluminure sur papier.)

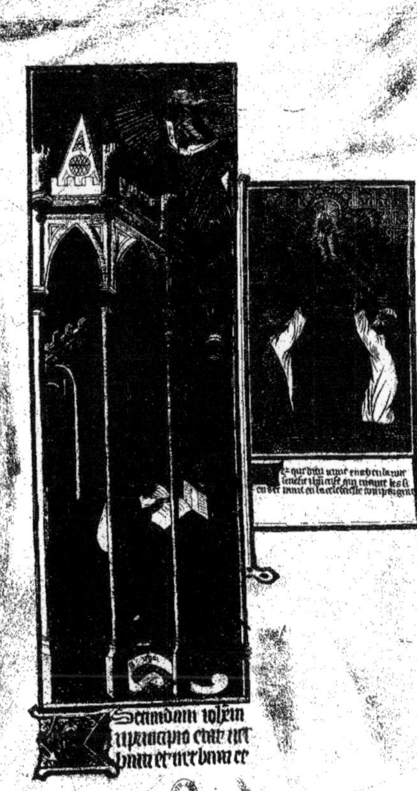

XIV.me Siècle.

N°. 1.

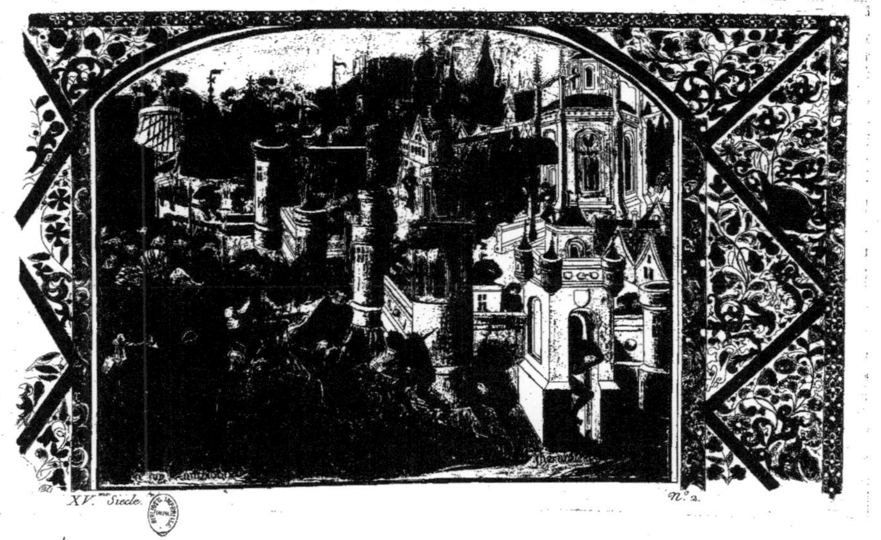

XV.me Siecle.   N.° 2.

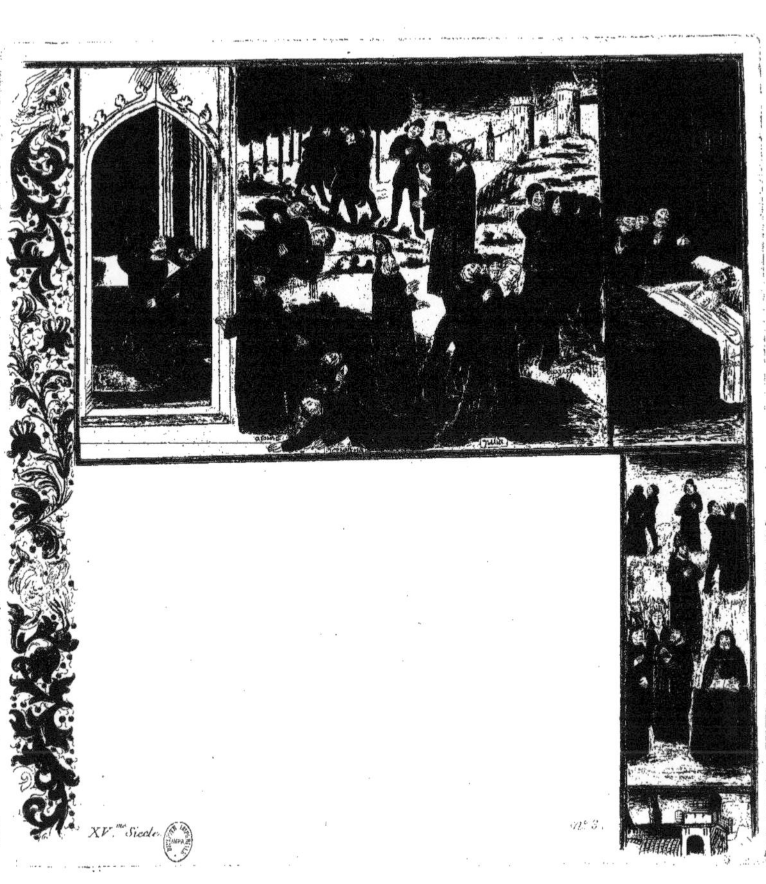

XV.me Siècle.
n.º 3.

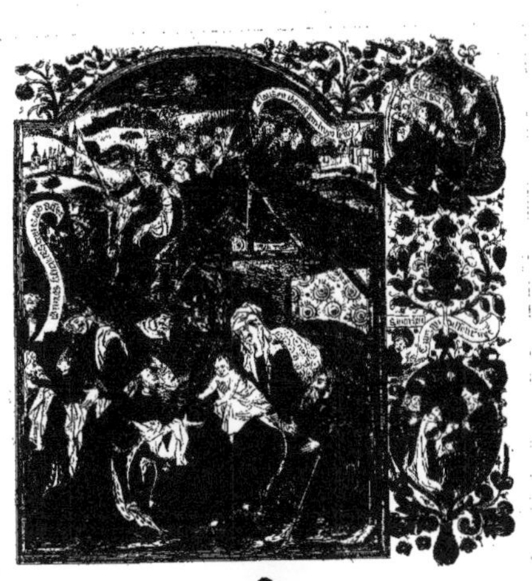

XV.me Siècle.
N.o 4.

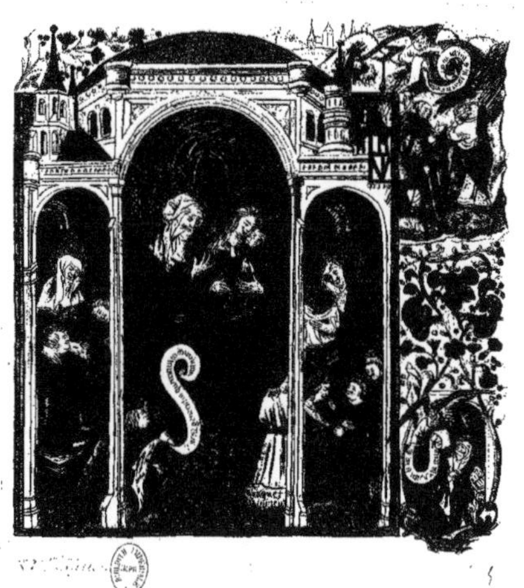

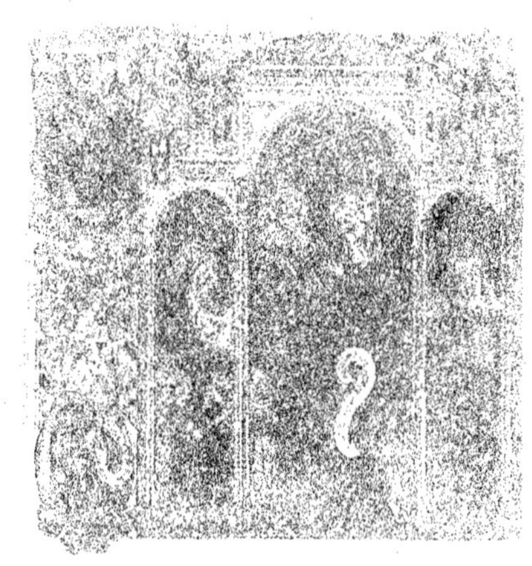

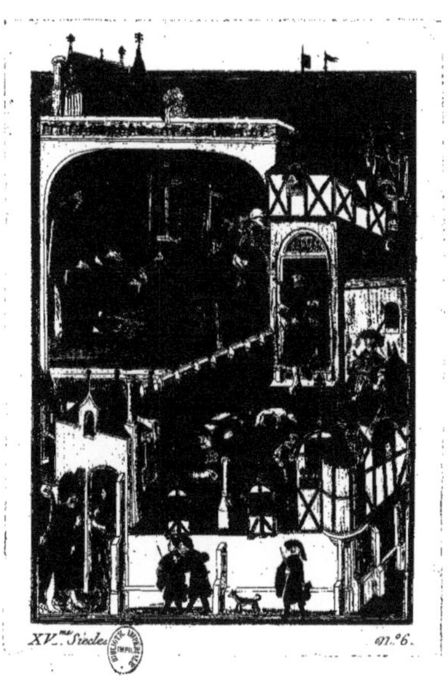

XV.me Siècle
n.o 6.

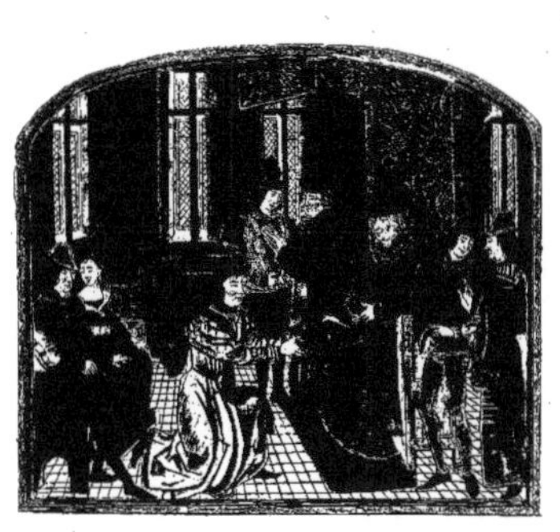

XV.ᵐᵉ Siècle.

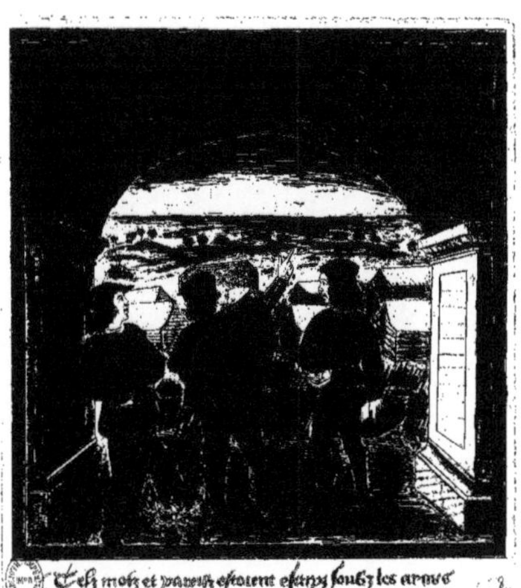

Telz motz et paroles estoient escriptz soubz les armes

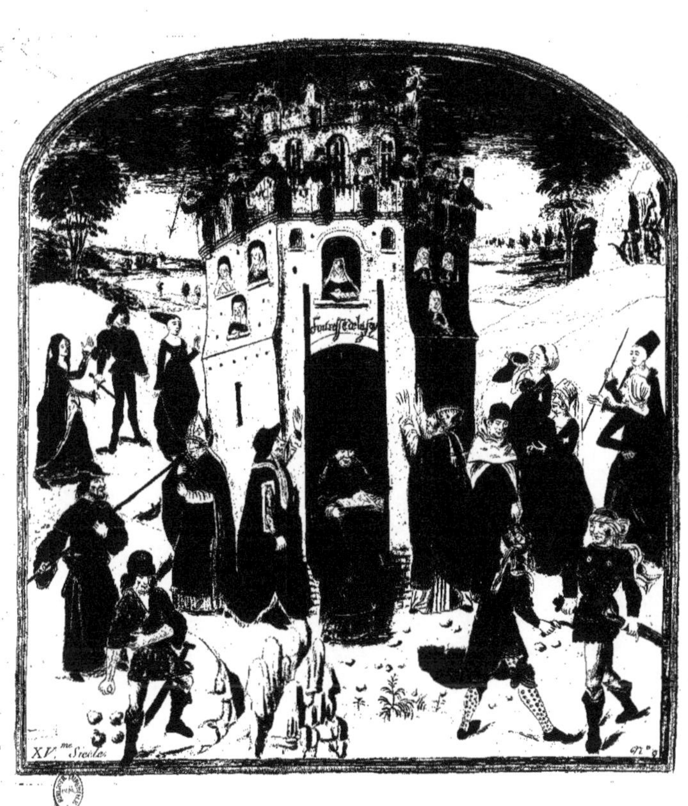
Fortresse de la Foy
XV.me Siecles

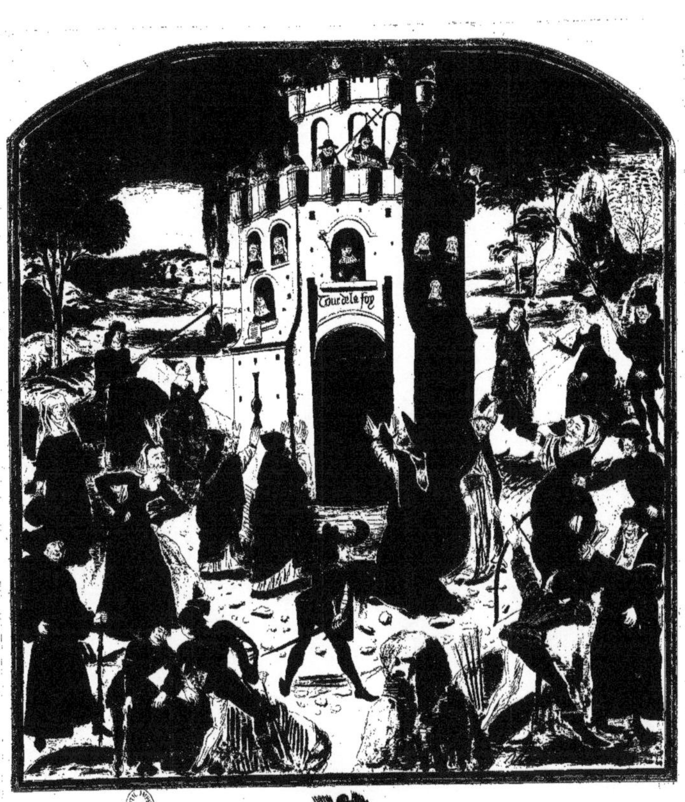

XVme Siecle.

N.° 10.

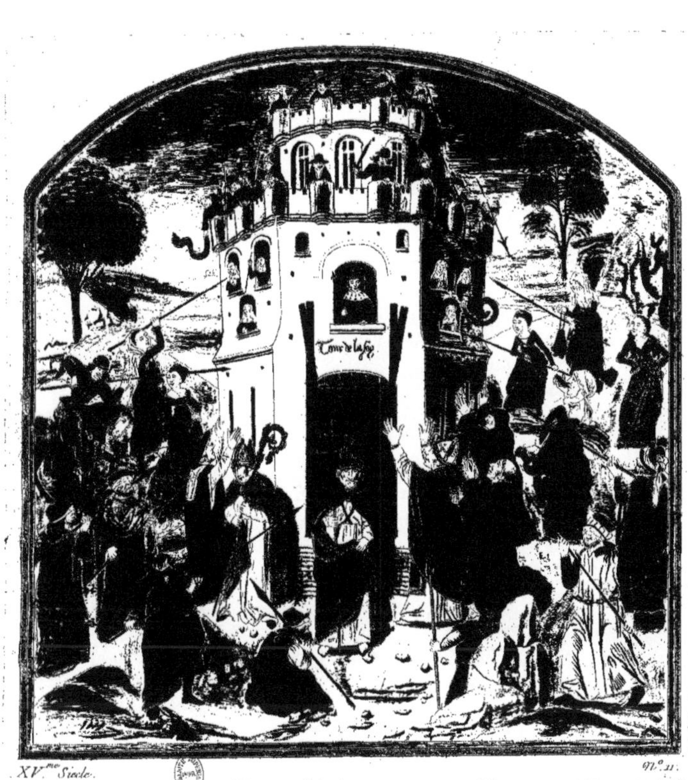
Tour de la foy

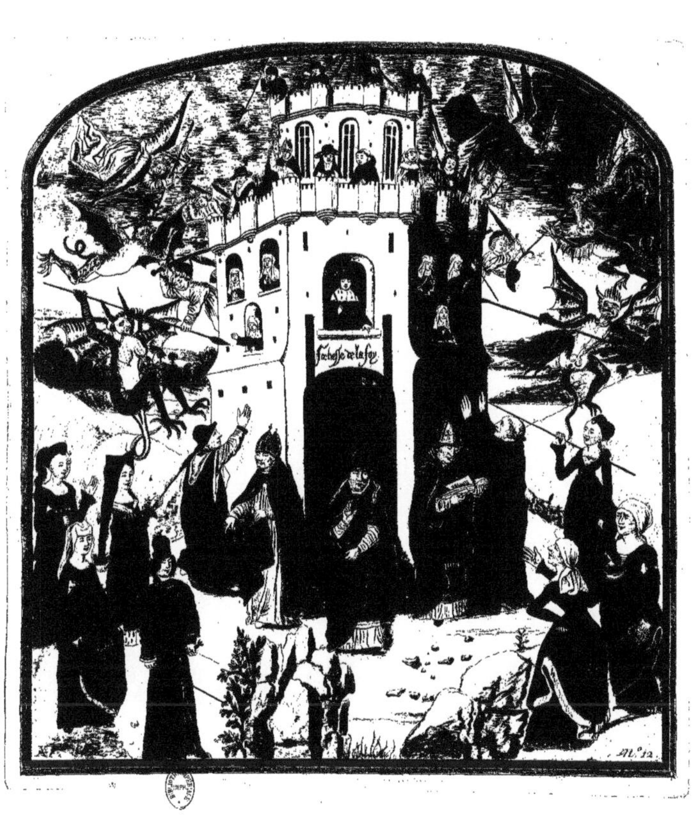
forteresse de la foy.

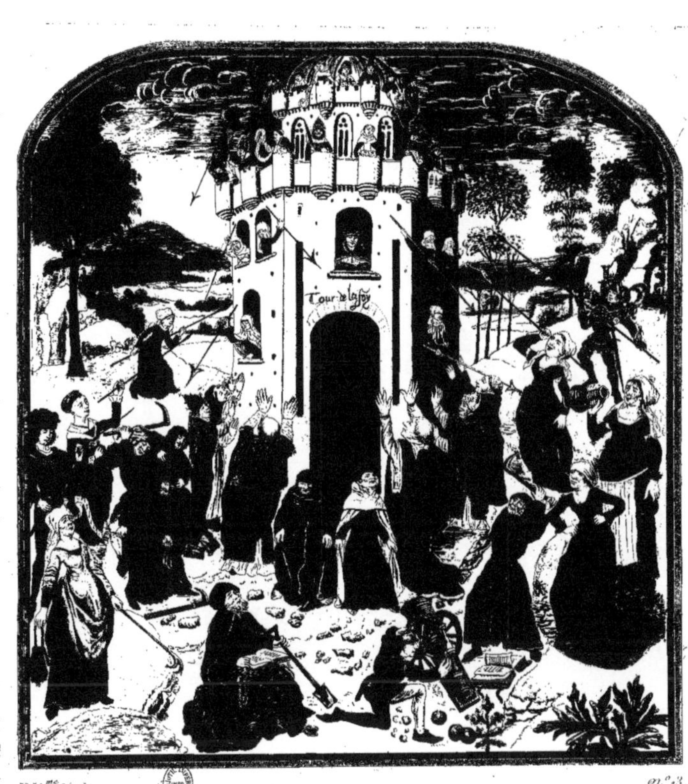

XVme Siecle.   N.º 13.

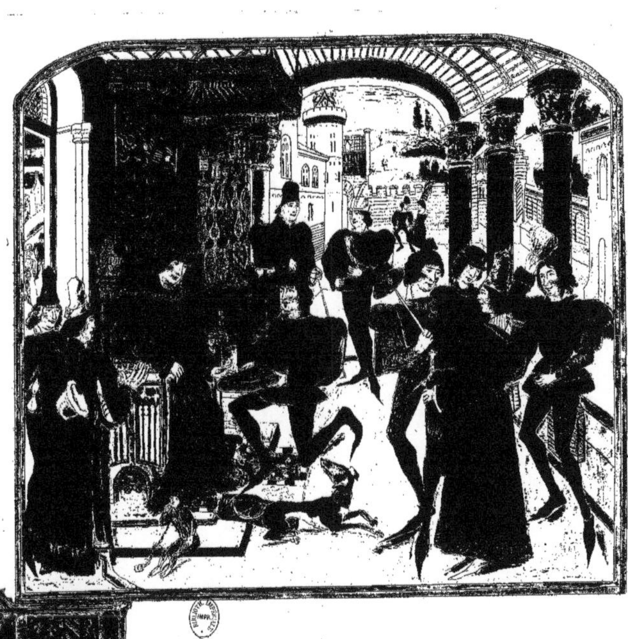

XV.ᵐᵉ Siecle.   N.° 14.

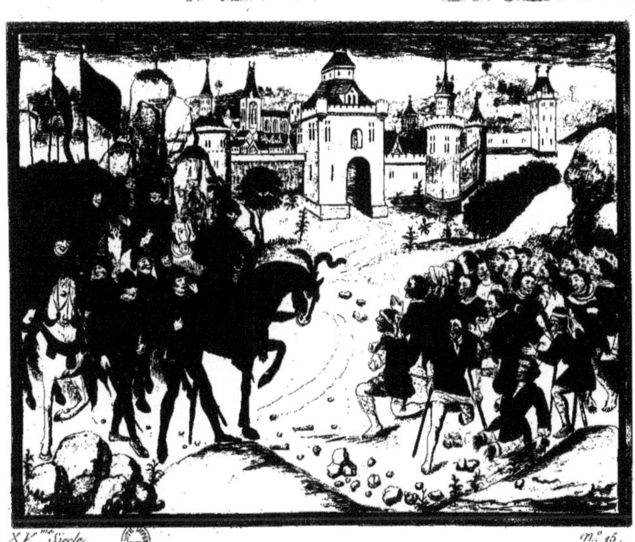

XV.me Siecle.
N.o 15.

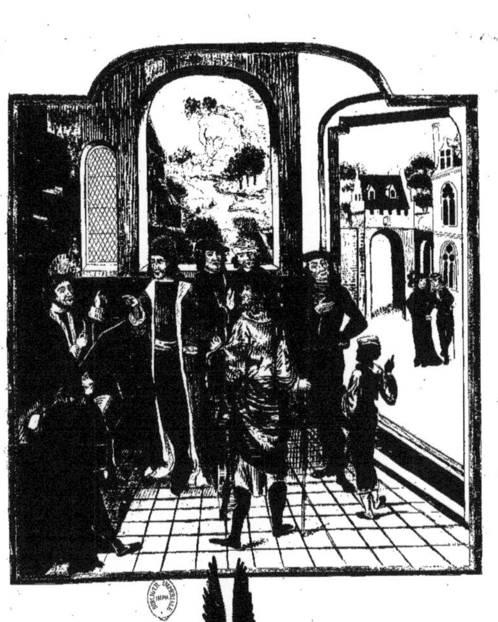

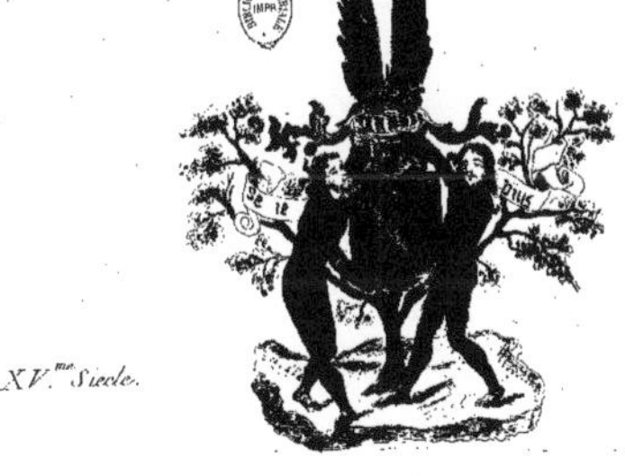

*XVme Siecle.**N.º 16.*

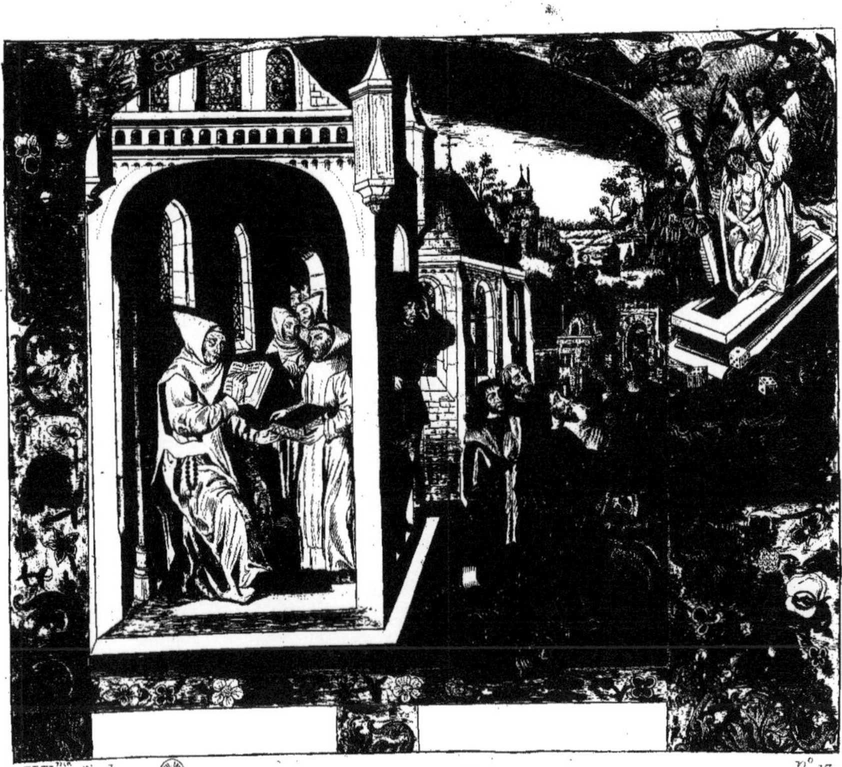

XV.ᵐᵉ Siecle.
n.º 17.

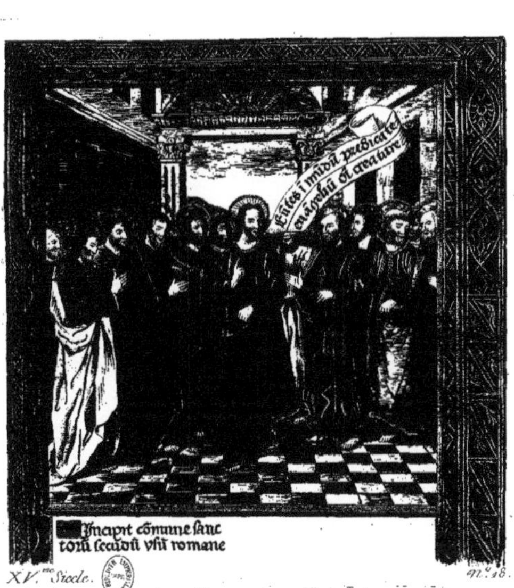

XV.ᵐᵉ Siecle.   N.° 18.

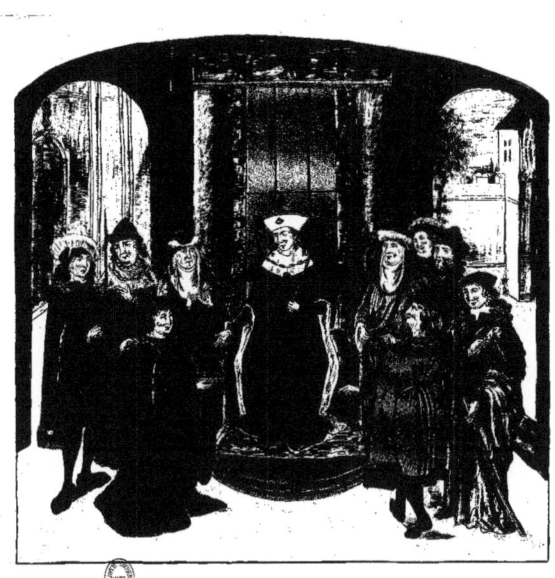

XVme Siecle.   Pl.º 19.

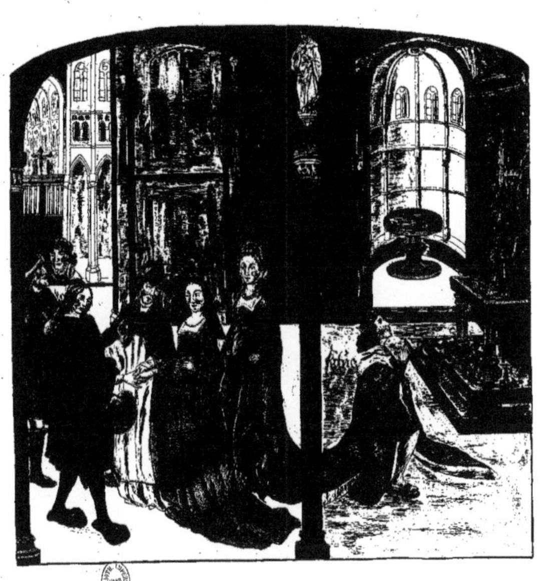

XV.me Siecle.

N.o 20.

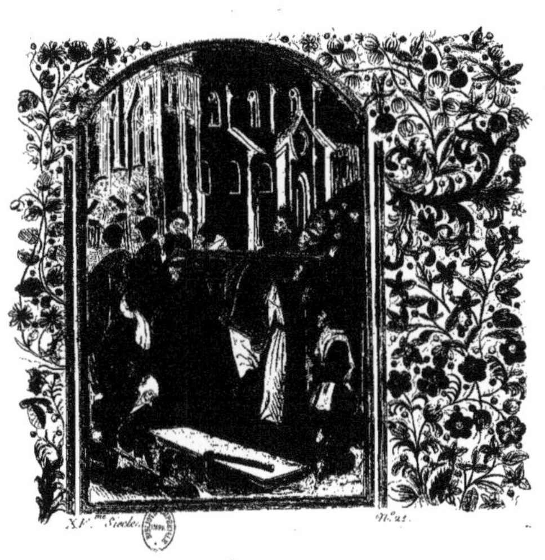

XVme Siècle.   N° 21.

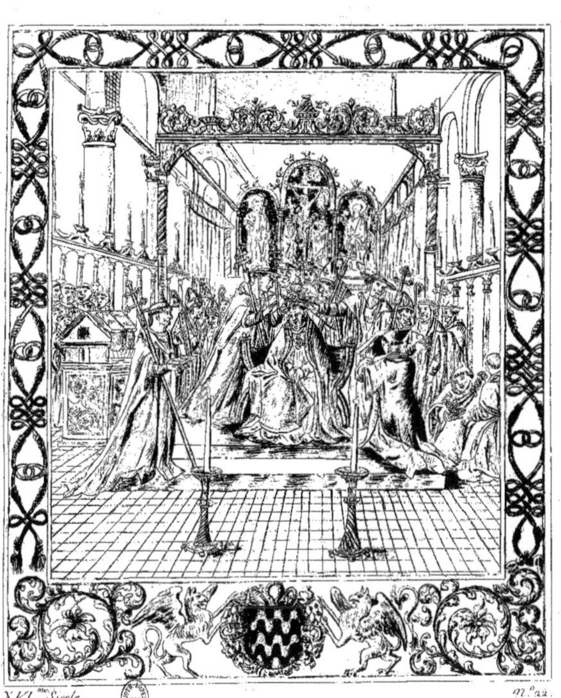

XVIme Siecle.

N.° 22.

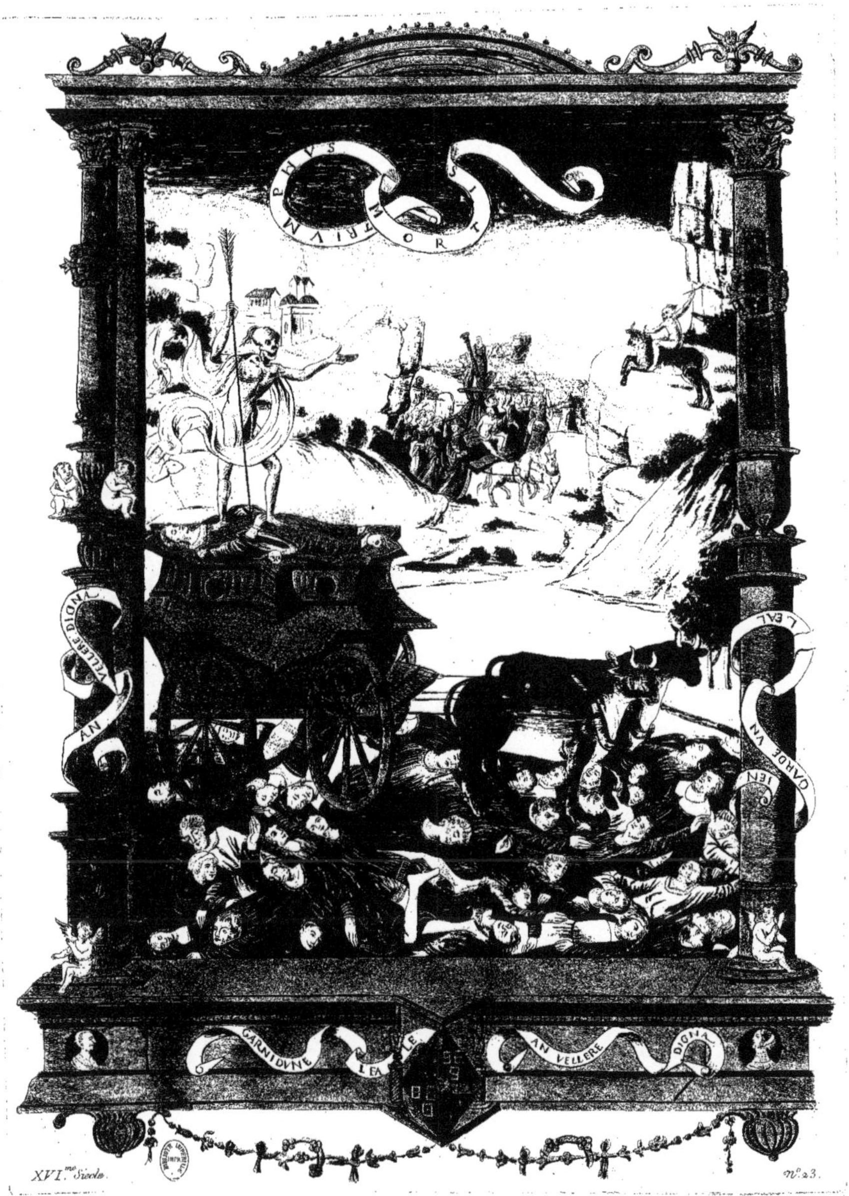

PHVS SI MORT RIVM
AN VELLERE DIGNI
LEAL GARDE VN IEN
CARNIDVNE LEA LE AN VELLERE DIGNA

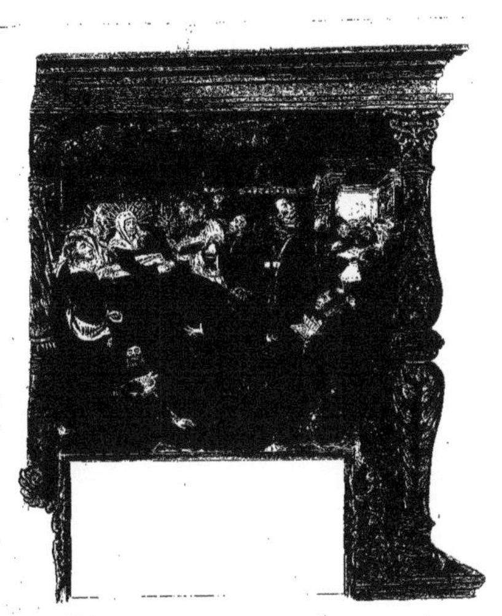

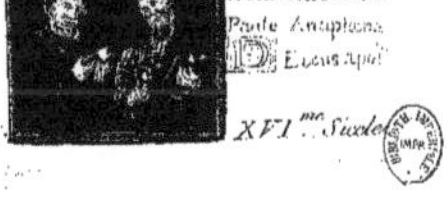

De sanctis Petro et
Paulo Anapteana
Ecous apui
XVI.me Siecle

Nº 24.

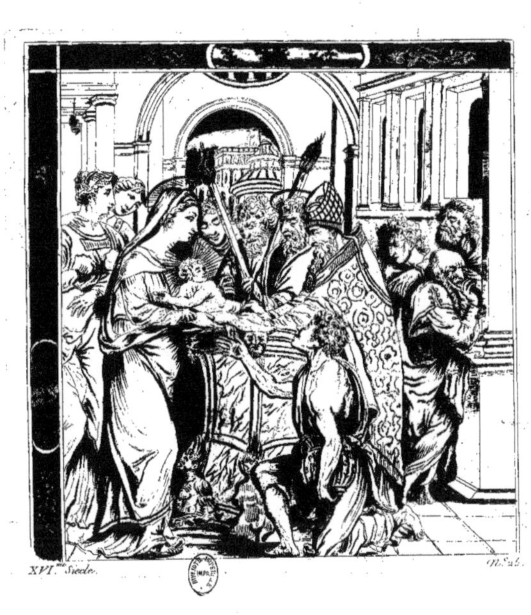

XVI.ᵐᵉ Siecle.
Nᵒ 25.

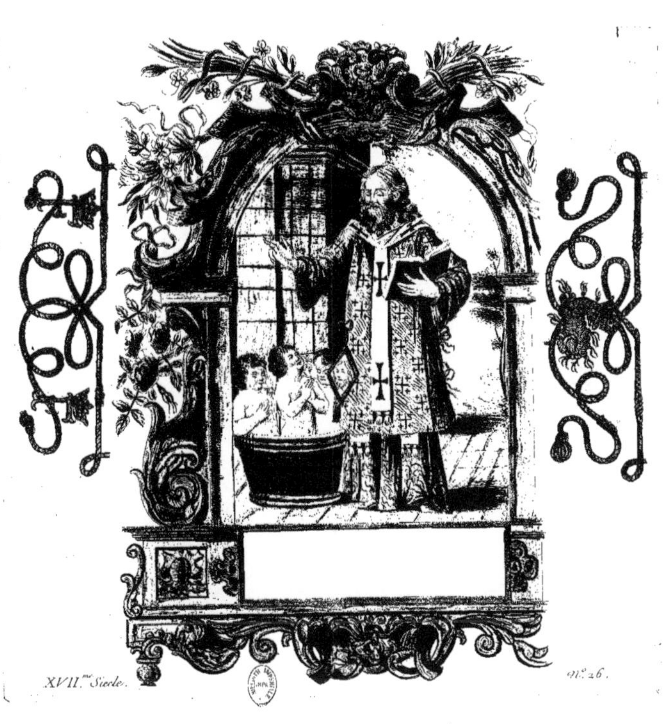

XVII.ᵐᵉ Siècle.
N.º 16.